AF451861

MÉMOIRE

AU ROI

ET

AUX DEUX CHAMBRES.

Janvier, 1817.

Se trouve chez les Marchands de Nouveautés.

A LYON, imprimerie de BRUNET.

MÉMOIRE

AU ROI

ET

AUX DEUX CHAMBRES,

Pour les Propriétaires, Locatair eset Habi-
tans sujets à Patente, de la ville de Lyon,

Sur les taxes successivement votées par le
Conseil municipal de la même ville , pour
subvenir aux dépenses occasionnées en
l'année 1815 , par l'occupation des troupes
alliées ,

En présence des Prêteurs , Marchands ,
Munitionnaires et autres, devenus, à cette
occasion , créanciers de la ville.

ADRESSE PRÉLIMINAIRE

A MM. LES CRÉANCIERS.

MESSIEURS ,

QUAND vous ne seriez pas vous-mêmes,
tous ou presque tous, propriétaires, locataires ou sujets à patente , de la ville

de Lyon, les rapports de confiance qui vous ont rendus créanciers de cette ville, seraient, à nos yeux, un gage suffisant de vos égards pour nos représentations : nous ne sommes pas moins assurés de l'intérêt que voudront bien y prendre les Administrateurs, Magistrats et Conseils formant le gouvernement de notre cité ; et, loin de vouloir attaquer ici, ni vos droits que nous supposons bien établis, ni leurs intentions dont la pureté n'est pas douteuse, nous partageons, au contraire, en DÉBITEURS loyaux et fidèles, et en ADMINISTRÉS pleins de confiance, vos inquiétudes et les leurs, sur le choix des meilleurs moyens de vous donner satisfaction.

Mais nous vous prions de considérer qu'en qualité de sujets de l'État dont cette seconde ville du Royaume fait partie intégrante, nous avons à remplir des obligations d'un rang privilégié, et que les impôts établis pour l'acquittement de ces obligations atteignent déjà, par leur importance, si toutefois ils

n'excèdent pas la mesure de nos facultés.

Consultez, à cet égard, le rapport
fait au Roi et le discours prononcé à la
Chambre des Députés, par le Ministre
des finances, au mois de novembre dernier, *sur la situation générale des finances,
et sur le projet de loi proposé pour 1817.*

« Il ne faut pas conclure (dit le Ministre en par-
» lant des contributions directes) de la ponctualité
» des recouvremens de l'IMPÔT FONCIER, que cet
» impôt soit exactement proportionné, dans sa con-
» sistance actuelle, aux facultés des contribuables :
» cette ponctualité est due principalement à l'énergie
» d'un système de perception qui lie tellement l'in-
» térêt personnel des receveurs à la libération du
» contribuable, que celui-ci ne peut, sans se créer
» une nouvelle charge, échapper au payement de sa
» dette (1).

» Nous savons (dit encore le Ministre, à l'occasion
» du maintien de la contribution directe sur le même
» pied qu'en 1816,) combien elle doit être ménagée,
» sur-tout après une année d'intempérie fatale à tant
» de contrées ; mais d'inflexibles besoins nous com-
» mandent, et le Roi gémit, comme vous, d'être
» FORCÉ A DIFFÉRER UN SOULAGEMENT qui ne serait

---

(1) Rapport du Ministre des finances au Roi, *page* 33.

» pas moins consolant pour son cœur que précieux
» aux propriétaires (1). »

Et c'est au moment même où le Ministre du Roi fait ces pénibles aveux, et où le témoignage de la douleur du père du peuple, sur l'énormité des impôts, vient, au moins, en alléger le poids, que des PLACARDS imprévus apparaissent sur nos murs, chargés de funestes annonces, comme autrefois, tracée par une main divine, apparut à BALTHAZAR, sur la muraille de son palais, sa sentence mortelle.

Ces PLACARDS, faisant mention, par extrait seulement, de deux articles d'une Ordonnance du Roi, datée du 20 novembre dernier, nous notifient,

1.º Qu'il faut solder, dans la huitaine, sous peine de contrainte, toutes les taxes municipales établies en 1815, et notamment celle du DOUBLEMENT de l'IMPÔT FONCIER et des droits de PATENTE

____

(1) Discours du Ministre des finances à la Chambre des Députés, *page* 9.

de l'année 1815 , et cette autre taxe mise sur une partie des loyers de la ville , appelée TAXE SUR LES LOYERS D'HABITATION , mais tellement arbitraire et fortuite dans son assiette et dans sa progression, qu'elle échappe à toute qualification autre que celle de LOTERIE ;

2.° Que pendant six ans entiers , à compter du premier octobre dernier , nous aurons à payer , à titre de TAXE MUNICIPALE extraordinaire , d'abord 12 *centimes sur le principal et les 5 centimes de non-valeur de la contribution foncière*, et puis 12 *autres centimes sur la valeur des loyers d'habitation.*

Si nous n'avions aujourd'hui d'autre objet que de chercher un refuge sous la protection des lois , nous nous bornerions à supplier qu'on fasse afficher , au besoin, à côté des placards qui nous condamnent à l'impossible , les dispositions suivantes :

« Aucun impôt ne peut être établi, ni perçu, s'il » n'a été consenti par les deux Chambres , et sanc- » tionné par le Roi. »

(*Article 48 de la charte constitutionnelle.*)

« L'IMPÔT FONCIER n'est consenti que pour un an. »
(*Article 49 de la charte constitutionnelle.*)

Or, non - seulement les taxes municipales énoncées dans les PLACARDS n'ont pas été consenties par le Roi et les deux Chambres, mais elles n'auraient pas pu l'être, puisqu'aux termes de l'article 49 de la charte, l'IMPÔT FONCIER n'est consenti que pour un an, et que dans les placards, on établit à notre charge un impôt foncier pour six ans.

La loi sur les finances, du 23 septembre 1814, article 19, titre 2, porte ce qui suit :

« Toute contribution directe autre que celles énon-
» cées en la présente loi, à quelque titre et sous
» quelque dénomination que ce soit, est formelle-
» ment proscrite, à peine contre les autorités locales
» qui les établiraient, contre les employés qui con-
» fectionneraient les rôles, et les receveurs et per-
» cepteurs qui feraient le recouvrement, d'être pour-
» suivis comme CONCUSSIONNAIRES. »

Nous pourrions donc, en cas de contrainte, opposer aux percepteurs cet article de la loi du 23 septembre 1814,

les ranger ainsi dans la classe des concussionnaires , et puis leur faire lire l'article 174 du code pénal relatif aux con-
cussions commises par les fonctionnaires
publics, ainsi conçu :

« Tous fonctionnaires, tous officiers publics , leurs
» commis et préposés , tous percepteurs de droits ,
» taxes, contributions , deniers ou revenus publics
» ou communaux , et leurs commis ou préposés qui
» se seront rendus coupables du crime de concussion,
» en ordonnant de percevoir, ou en exigeant ou re-
» cevant ce qu'ils savaient n'être pas dû , ou excéder
» ce qui était dû pour droits, taxes, contributions ,
» deniers ou revenus, ou pour salaire et traitement ,
» seront punis, savoir, les fonctionnaires et les offi-
» ciers publics, de la peine de la reclusion , et leurs
» commis et préposés , d'un emprisonnement de
» deux ans au moins, et de cinq ans au plus. »

Or, on sait que le code pénal, comme
les autres codes , a été maintenu par la
charte, dont l'article 68 est ainsi conçu :

« Le code civil et les autres lois actuellement
» existantes qui ne sont pas contraires à la présente
» charte , restent en vigueur jusqu'à ce qu'il y soit
» légalement dérogé. »

Nous savons bien que la loi sur les
finances, du 28 avril 1816, au titre 3,

des contributions extraordinaires de 1815, *art.* 4, *a confirmé les ordonnances du Roi qui avaient approuvé les impositions locales levées dans les départemens par les autorités administratives pendant l'occupation militaire ;* mais nous en concluons que les impositions locales qui , à l'époque de la loi, n'avaient pas été autorisées par des ordonnances du Roi, ne sont pas comprises dans la confirmation. Il ne nous est même guère permis de douter qu'avant la loi du 28 avril 1816 , le Conseil municipal de Lyon n'ait demandé l'approbation du gouvernement aux taxes votées en 1815; et il est à croire que cette approbation n'a été refusée ou suspendue qu'à cause de la nature et de l'énormité des taxes, ou parce que le compte des dépenses n'était pas encore en règle. Quoi qu'il en soit, il n'existe pas encore de loi qui ait sanctionné ces taxes , et par conséquent aucune autorité ne peut en ordonner la perception.

Nous remarquons encore que la loi

du 28 avril 1816, titre 2 , art. 5, dé-
clare que les *impositions locales* (même
celles confirmées par la loi) *ne seront
perçues que jusqu'à concurrence des sommes nécessaires à l'acquittement des charges qui les ont nécessitées , et qu'à cet
effet une commission vérifiera et arrêtera
tous les comptes.*

Cela veut bien dire que la vérification des comptes précédera la perception ;
cependant nous lisons dans un des PLA-
CARDS (celui du 24 décembre) QU'EN
ATTENDANT LA NOMINATION *par le Roi de
la Commission qui doit être chargée des
opérations relatives à la liquidation des
dettes extraordinaires de la ville ,* c'est à
la Mairie que nous devons *adresser nos
réclamations sur le solde des taxes extraordinaires,* en commençant par payer,
(de condition expresse) la *moitié* de
CE SOLDE.

Voilà sans doute bien des irrégularités ; et elles ne sont pas justifiées
par la simple mention (*parte in quâ*)
de deux articles seulement d'une ordon-

nance du Roi, en date du 20 novembre 1816 , qui , même en la regardant comme exécutoire , ne pouvait l'être , à la rigueur, et aux termes d'une autre ordonnance du 27 du même mois de novembre, qu'après sa promulgation et son *insertion au bulletin officiel.*

Là, il faut en convenir, pourrait se terminer notre défense , si nous étions , messieurs , moins reconnaissans de vos services , moins touchés de votre position, et moins jaloux de faire honneur aux engagemens légitimes contractés , dans notre intérêt , par l'administration recommandable qui a tempéré, pour nous, les rigueurs de l'occupation militaire de 1815.

On nous objecterait envain que si la dette , AU FOND, n'est pas contestable , il sied mal de se retrancher dans LES FORMES , pour en éluder ou pour en ajourner le payement.

Nous répondrions que , toutes les fois qu'il s'agit d'impôt, la question du FOND est dans l'IMPÔT lui-même et dans le droit de l'établir. Sa quotité , sa nature , son assiette , sa répartition , son emploi même ne sont, malgré leur importance , que des questions secondaires : il n'y a pas d'acte de souveraineté qui réclame plus d'appareil que celui de la création de l'impôt ; et on ne saurait trop l'environner de ces formes rassurantes et tutelaires qui nous montrent la puissance marchant toujours , d'un pas mesuré , entre la prudence et la justice.

On n'avait pas pensé , jusqu'à ce jour, que le droit d'imposer pût jamais , sous le prétexte d'une invasion momentanée, devenir , même après l'évacuation de la ville militairement occupée , un droit MUNICIPAL.

Qu'au moment où le bruit du tambour et la clarté des mèches signalent l'entrée d'une armée étrangère , toutes les lois se taisent , et que l'autorité municipale , se confondant alors avec le pouvoir du vainqueur, frappe , au hasard et sans choix , telle ou telle contribution , son intervention comme modératrice et régulatrice , est encore un bienfait ; ainsi fut improvisée , le 17 juillet 1815 , jour de l'entrée des troupes autrichiennes dans nos murs , la première taxe des deux tiers de l'impôt foncier et du droit de patente; nous l'avons payée sans réclamation. Il a bien fallu subir aussi, malgré son excessive partialité, la deuxième taxe mise un mois après (le 16 août) sur les loyers d'habitation, toujours en présence de la force étrangère qui fournissait , au besoin , des garnisaires armés et vivant à discrétion ; parce qu'au fort de la tempête on jette à la mer la cargaison pour sauver le navire et les passagers ; mais, le calme une fois rétabli, la propriété reprend ses droits , la législation son empire ; et vouloir , aujourd'hui que l'occupation a cessé depuis un an , rétablir parmi nous et y maintenir pour plusieurs années encore, la pratique et la doctrine de ces taxes de guerre dites

MUNICIPALES , filles désordonnées de la frayeur et du droit de conquéte , c'est vouloir mettre , en quelque sorte , les ouragans en permanence pour en former notre habituelle température. Aussi n'avons nous pas besoin de vous peindre, puisque vous en êtes les témoins , la consternation générale répandue dans cette cité par l'annonce des nouvelles taxes , et leur influence meurtrière sur la valeur des propriétés , sur celle des locations , sur celle même de tous les établissemens d'industrie.

Mais , Messieurs , lorsque nous réclamons , en votre présence , et sous les yeux de nos administrateurs , contre des taxes destinées à l'acquittement de ce qui vous est dû , nous ne devons pas nous contenter de la simple !ctation des lois prohibitives ou pénales qui , jusqu'à nouvel ordre , nous mettraient à couvert de ces taxes ; il importait seulement , avant tout , d'en faire ressortir les irrégularités et le danger ; et nous en procéderons plus librement , dans votre intérêt comme dans le nôtre, à la recherche d'autres moyens moins accablans pour les débiteurs et plus profitables aux créanciers.

§. PREMIER.

A quelle somme doivent être limitées les taxes municipales occasionnées par l'occupation militaire de 1815 ?

Il nous semble qu'à l'instar du gouvernement de l'État, celui de la ville de Lyon, en même temps qu'il propose des impôts, devrait aussi rendre public l'état des dépenses au payement desquelles ces impôts sont destinés. Nous voyons, chaque année, les Ministres du Roi présenter d'abord, dans le plus grand détail, le tableau des besoins de l'année suivante, et régler ensuite, sur ces besoins, la proposition des charges qu'ils estiment devoir être supportées par les contribuables. La délibération sur l'impôt est toujours précédée de la vérification du montant des dépenses à couvrir. Chacun de nous sait ainsi d'avance, avec précision, quel sera l'emploi du produit des contributions de toute nature, et il en acquitte sa quote-part, en connaissance de

cause, comme formant le légitime contingent à sa charge dans le prix de la protection publique et des services divers qu'elle
embrasse.

Cet avantage ne se rencontre pas dans
l'appel qui nous est fait aujourd'hui pour
le payement des taxes municipales anciennes
et nouvelles ; et nos supputations, dans
cette circonstance , ne peuvent s'asseoir
avec quelque exactitude que sur la consis-
tance et le produit des taxes, c'est-à-dire,
sur ce qui est à charge ; tout le reste nous
est inconnu, et ce mystère est aussi affli-
geant pour les créanciers que pour les débiteurs ; les premiers ne savent pas ce qu'il
faut d'argent pour leur remboursement, les
autres ce qu'il en faut pour leur libération ;
et dans cette ignorance respective, ils sont,
de part et d'autre , exposés à voir succéder
en définitif , à la surprise que leur cause
actuellement l'énormité des taxes, la surprise
non moins douloureuse que leur causerait
leur insuffisance.

Cependant à défaut de comptes, même
de simples apperçus, nous avions déjà, au
mois d'octobre 1815 , procédé par conjec-
ture et par similitude, à l'évaluation des
dépenses de l'occupation militaire de cette
année 1815, et nous avions pris pour point

de départ et pour objet de comparaison les dépenses de l'occupation de l'année précédente 1814, détaillées et déduites dans le compte rendu par M. le Comte d'Albon, alors Maire de Lyon, au mois d'Août 1814, deux mois après l'évacuation.

Or, voici le raisonnement que nous faisions dans des représentations rendues publiques au mois d'Octobre 1815.

» En 1814, la ville de Lyon avait eu à pour-
» voir aux besoins des troupes étrangères en séjour
» ou en passage dans ses murs, elle avait eu, pen-
» dant 80 jours, (du 20 mars au 10 juin), environ
» 15,000 hommes par jour à loger et à nourrir,
» et il lui en avait coûté, pour cela, une somme
» de 4 millions 500 mille francs environ, savoir:
» 1.º 1500 mille francs en argent pour l'équippe-
» ment des troupes, la dépense des généraux, et
» pour d'autres objets de réquisitions; 2.º 3 mil-
» lions pour les dépenses faites à domicile, par tous
» les habitans chargés du logement et de la nour-
» riture des officiers et des soldats, dépense estimée
» sur le pied de 50 sols par jour et par tête.

» Cette année (1815), la ville n'a eu à pourvoir,
» aussi pendant 80 jours (du 19 juillet au 7 oc-
» tobre), qu'aux besoins de 7 à 8,000 hommes par
» jour au plus; la dépense aurait donc dû être
» moindre de moitié, au moins pour le logement
» et la nourriture. A l'égard des réquisitions faites
» en argent, ou en objets d'équippemens et pour
» frais généraux, c'est un compte à part; mais il
» passe pour constant que cette dépense particu-

» lière n'a pas excédé de beaucoup la somme de
» 1,5oo mille francs.

» En évaluant à une somme semblable de 1,5oo
» mille francs les dépenses du casernement des
» soldats et de la nourriture de 7 à 8,000 hommes
» pendant 8o jours, sur le même pied que l'année
» dernière, la dépense totale s'élèverait à 3 millions.

» On assure qu'il en a été dépensé beaucoup plus :
» pourquoi ?. c'est ce que les imposés ne savent pas
» encore, parce qu'il ne leur a été rendu aucun
» compte, même par simple apperçu. (1). »

Mais à la même époque, le conseil municipal formait et convoquait une commission de 16 membres *invités à se réunir et
à proposer le mode qu'ils trouveraient le plus
convenable*, *relativement à l'assiette des
taxes extraordinaires que les circonstances
nécessitaient.*

Cette commission n'était pas invitée à
examiner le compte des dépenses et à en
vérifier les pièces justificatives ; le conseil
municipal se borna à lui déclarer que les
dépenses, évaluées par approximation, et
en y comprenant celles du mois d'octobre,
s'élèveraient à plus de 6 millions de francs.
Ce fut là le point de départ assigné à la

---

(1) Voir les représentations sur les taxes extraordinaires
établies par le conseil municipal de la ville de Lyon , du
7 octobre 1815, *pages* 5 *et* 6.

commission , et elle eut seulement à délibérer sur les moyens de couvrir cette dépense.

A cette dépense présumée de 6 millions,
il a fallu ajouter plus tard, celle du logement et de la subsistance des troupes étrangères, pendant le mois de novembre et les
premiers jours de décembre 1815; et nous
ne tardâmes pas à apprendre que le conseil municipal portait, par simple apperçu,
l'évaluation de toute la dépense à 9,600
mille francs.

A notre égard , nous n'avions d'abord
arbitré qu'à 3 millions, la dépense des 80
jours écoulés du 17 juillet au 7 octobre 1815;
et en y ajoutant pour 60 jours de plus , la
dépense de 3 à 4000 hommes, à 50 sols
par tête et par jour, nous trouvions qu'il
y avait à payer, en tout, une somme de
3 millions 600 mille francs; et cette somme
nous paraissait d'autant plus forte que la
plupart des habitans de Lyon avaient eu,
en 1815 comme en 1814, des officiers et
des soldats à loger; que par convenance
sinon par nécessité, ils ne pouvaient guère
refuser la table aux officiers, et qu'ils la de-
vaient même à ceux qui n'étaient qu'en
passage.

C'était donc jusqu'à concurrence de trois

millions 600 mille francs , ou si l'on veut, de 4 millions au plus, que nous devions nous croire appelés à subir des taxes municipales extraordinaires ; là s'arrêtoit, dans notre espérance comme dans notre opinion, la nécessité d'en établir ; là aussi s'arrêtait, malgré notre zèle et nos efforts, la possibilité d'y satisfaire : Or, la véritable mesure de l'impôt, n'est pas dans l'étendue des besoins à couvrir, elle est dans le MAXIMUM des facultés des contribuables ; et ce serait un contre-sens de soutenir qu'il peut y avoir nécessité d'exiger là où il y a impossibilité de payement.

Dans cette position, notre soin fut de passer en revue les taxes déjà votées par le conseil municipal , de signaler celles qui nous paraissaient devoir être supprimées ou modifiées, et d'en indiquer de mieux choisies, toujours dans la supposition d'une dépense de 3 millions 600 mille francs, à 4 millions au plus.

§. II.

§. I I.

Des taxes votées en 1815, par le Conseil municipal de la ville de Lyon.

—

Première taxe votée par délibération du 17 juillet 1815.

Cette taxe consiste dans l'addition de 2 tiers au montant de la contribution foncière et des patentes de 1815; elle avait l'inconvénient grave de frapper seulement sur deux classes de contribuables et principalement sur celle des propriétaires qui raisonnablement, dans une grande ville de commerce sur-tout, doit être la moins imposée aux taxes de logemens et de subsistances de troupes étrangères; la raison en est qu'il s'agit alors de prévenir les exécutions militaires et le pillage, et que ce ne sont pas les immeubles, mais les marchandises, l'argent comptant et les effets mobiliers qui courent le risque de devenir la proie du soldat; mais le 17 juillet 1815, jour où fut votée la taxe des deux tiers de l'impôt foncier et des patentes, était aussi le jour de l'entrée des troupes autri-

(23)

chiennes dans la ville; on était pressé, le
conseil municipal jugea que ce qu'il y avait
de plus expéditif était aussi· ce qu'il y
avait de meilleur; le· produit de la taxe
était, d'ailleurs, clair et facile à calculer
d'après les rôles d'impositions; ce produit
devait être, et il a été en effet, de l'aveu
du Conseil municipal, de la somme d'un
million 20 mille francs..

Deuxième Taxe, votée le 16 août 1815.

Cette deuxième taxe est celle mise sur
les loyers d'habitation, taxe *tellement vi-
cieuse*, comme nous le remarquâmes alors,
dans son assiette et dans sa répartition,
qu'elle excita un mécontentement général,
trouva presque par-tout résistance, et ne
produisit pas, au travers des contraintes
et des clameurs, le tiers de ce qu'on aurait payé sans violences et sans murmures,
si elle avait été plus sagement combinée et
plus également répartie.

Il suffit de rappeler ici,

1.º Qu'on avait affranchi de la taxe,
les magasins des négociants et les boutiques des marchands, c'est-à-dire tous les
dépôts des richesses commerciales de Lyon,
et tous les lieux où se trouvaient les effets

et marchandises qui, en cas d'exécution militaire, ne pouvaient pas échapper à la destruction et au pillage.

2.º Qu'on avait encore affranchi de la taxe tous les riches habitans de la ville, pour la portion de leur loyer qui excédait la somme de 1000 francs; c'est-à-dire, qu'un millionnaire, payant pour loyer 4 à 5000 fr. ou davantage, et ayant un mobilier pré-cieux, menacé d'être converti en butin, n'était pas plus imposé que le père d'une nombreuse famille, occupant par nécessité un modeste appartement au prix de 1000 francs par an;

3.º Que la taxe était graduée dans une progression tellement arbitraire que, malgré la division faite par classes, on n'avait mis presque aucune différence entre les divers loyers plus ou moins forts de chaque classe, de manière, par exemple, que le contri-buable payant un loyer de 801 fr. seule-ment, n'était pas moins imposé que si son loyer eut été de 1000 fr. par an.

4.º Qu'au lieu de prendre pour base de l'évaluation des loyers le rôle de l'impôt foncier de chaque maison, cette évaluation avait été faite au hasard et par présomp-tion; autre source de plaintes et de récla-mations bien fondées.

Cependant, il paraît que les recouvremens effectués en vertu de cette taxe se
sont élevés à la somme de 900 mille francs.

Troisième Taxe, votée le   août 1815.

Cette taxe est celle mise sur les rentiers
et fonctionnaires publics ; le conseil municipal en avait évalué le produit à la somme
de 200 mille francs ; mais elle n'a produit
que 55 mille francs , et on en a suspendu le
recouvrement comme impraticable ; en sorte
qu'il n'y a eu de blessés, dans les contribuables de cette classe, que les premiers
attaqués.

Quatrième Taxe, votée le 4 septembre 1815.

Cette taxe est établie sur les propriétaires et les habitans sujets à patentes,
pour une somme égale au montant de leur
contribution de 1815.

Ces deux classes de contribuables avaient
subi, sans se plaindre , et acquitté dili-
gemment la première taxe établie à leur
charge le 17 juillet précédent ; et les propriétaires sur-tout, moins menacés que les
autres des dangers de l'occupation, se cro-
yaient libérés de leur contingent dans les

dépenses qu'elle occasionnait, et ils ne s'attendaient pas à devoir faire, presque tout seuls, l'ouverture et la clôture du système d'impositions adopté par le conseil municipal; aussi vit-on éclore alors une foule de remontrances publiques et privées qui ralentirent un peu l'activité des contraintes, et déterminèrent la formation de la commission de 16 membres invités à proposer le *mode de taxes extraordinaires qu'ils croiraient le meilleur.*

Nous avons déjà dit qu'à cette époque, nous n'étions pas d'accord avec le conseil municipal sur l'évaluation des dépenses présumées; la dissidence était même considérable.-

Le conseil estimait ces dépenses, par apperçu, en y comprenant celles du mois d'octobre, à la somme de 6 millions.

Nous n'estimions qu'à 3 millions les dépenses faites jusqu'au 7 octobre; et prévoyant que l'occupation pourroit durer encore un mois ou deux, comme cela est arrivé, nous portions la totalité de la dépense présumable à 3,600 mille francs, ou à 4 millions au plus.

Ainsi, pendant que la commission des 16 travaillait sur les données ou sur les apperçus du conseil municipal à la recherche des moyens de couvrir une dépense de 6 millions, qui depuis . . . . a fait bien des progrès, nous procédions sur des documens, puisés par analogie, dans les comptes de la dépense de 1814, à la recherche et à l'indication d'une taxe unique et définitive dont le produit pût completter l'acquittement d'une dépense de quatre millions seulement.

Nous conclûmes d'abord à ce que le gouvernement fût supplié d'ordonner la vérification des dépenses et la reddition du compte de l'emploi des sommes provenantes des différentes taxes successivement établies; et nous proposâmes, pour former les quatre millions destinés à l'acquittement des dépenses présumées de l'occupation militaire, les ressources suivantes :

1.º De laisser subsister, sans tirer à conséquence pour l'avenir, la première taxe établie le 17 juillet 1815, d'une addition de deux tiers à l'impôt foncier et aux patentes de 1815; son produit était de. . . . . . 1,020,000 f.

2.º D'annuller la taxe établie par délibération du 4 septembre 1815, sur les propriétaires et les patentés, et d'y substi-

D'autre part. . . . . ⸚ 1,020,000 f.

tuer une taxe sur les valeurs locatives estimées d'après la matrice du revenu foncier de chaque maison, taxe qui frapperait sur tous les loyers sans exception, proportionnellement et au marc le franc, sauf les exemptions à accorder par le conseil municipal en faveur des locataires d'ateliers ou boutiques qu'il en jugerait susceptibles. Cette nouvelle taxe devait se confondre avec celle mise sur les loyers d'habitation par la délibération du 16 août 1815 ; en conséquence, il y aurait eu lieu à tenir compte à chaque locataire de ce qu'il avoit déjà payé, même à lui restituer le TROP PAYE. Le produit de cette taxe fixée à 60 centimes du loyer, évalué d'après la base indiquée, se serait élevé à. . . 2,400,000 f.

3.º De réunir au produit de ces deux taxes, 1.º ce que la ville aurait à recevoir sur le montant de la contribution foncière imposée aux commu-

—————

3,420,000 f.

Ci-contre. . . . . 3,420,000 f.

nes rurales du département ;
2.º l'indemnité à elle due par
les trois faubourgs de Vaise,
la Guillotière, de la Croix-
Rousse ; 3.º le prix à provenir
de la vente de beaucoup d'objets mobiliers, après l'évacuation des troupes ; le tout évalué
par le conseil municipal lui-
même, à. . . . . 800,000 f.

TOTAL. . . 4,220,000 f.

Bien entendu, on le répète, que dans
cette somme se serait trouvée confondue
celle de 900 mille francs, ou environ, déjà
payée par les locataires sur la taxe du
16 août 1815.

Cette proposition était sage, et elle n'eut
certainement mécontenté personne alors ;
une taxe de 60 centimes, mise sur les
loyers, en prenant le rôle du revenu foncier pour base, n'aurait pas excédé de beau
coup le tiers du montant effectif de chaque
location ; et en la comparant au contingent des contribuables frappés par la taxe
arbitraire et partiale du 16 août 1815, on
y voyait, au lieu d'une nouvelle charge,
un soulagement véritable.

Mais 4 millions ne faisaient pas le compte

de la dépense arbitrée par le conseil municipal et non vérifiée.

On a vu que déjà au mois d'octobre 1815, ce conseil demandait, à la commission des 16, une somme de 6 millions, et que la commission avait procédé sur cette demande; mais bientôt après, il se trouva qu'au lieu de 6 millions, c'était 9 millions 600 mille francs qu'il fallait procurer ; ainsi, les plans de la commission devinrent insuffisans comme les nôtres; on continua à percevoir, autant qu'on le pouvait, les différentes taxes successivement établies; et il paraît que, tant par les recouvremens faits sur ces taxes, que par des emprunts particuliers, par les sommes reçues des communes rurales, par celles reçues des trois faubourgs, et enfin par le produit de la vente des objets mobiliers, la ville a touché effectivement une somme d'environ 4 millions 100 mille francs.

Soit que le conseil municipal n'ait pas demandé, avant la loi du 28 avril 1816, la sanction du Roi aux taxes établies par ses délibérations de 1815, soit que, par les motifs dont nous avons parlé, le gouvernement ait refusé sa sanction, ces taxes n'ont pas été comprises dans la confirmation prononcée par l'art. 4 de la loi.

Il ne restait donc au conseil d'autre res-
source à embrasser et d'autre devoir à remplir que de se conformer à l'art. 5 de la
loi du 28 avril, pour la vérification de ses
comptes; et comme rien ne l'a empêché
de s'en occuper depuis le mois de décembre 1815, époque de l'évacuation des troupes étrangères, il était raisonnable de penser
qu'avant de solliciter les taxes mention-
nées dans l'extrait qui nous a été donné
de deux articles seulement de l'ordonnance
du Roi du 20 novembre dernier, le conseil municipal ferait connaître aux contribuables menacés de nouvelles taxes, le
montant véritable des dépenses de l'occupation militaire de 1815. Cette précau-
tion aurait éclairé la discussion indispen-
sable à ouvrir entre les administrateurs
votant l'impôt, et les administrés appelés
à le subir, au moment où les deux chambres
vont avoir à délibérer sur le mode d'acquittement de la dette municipale.

Cependant rien n'a été communiqué et
rendu public, ni l'état des dépenses faites,
ni le relevé des sommes perçues jusqu'à
ce jour, ni le tableau de ce qu'il faudrait
percevoir encore pour achever la libération;
ensorte qu'aujourd'hui comme au mois d'octobre 1815, nous en sommes réduits à des

conjectures sur le montant des dépenses extraordinaires de cette année-là; mais ce qui n'est pas conjectural, c'est ce qu'on nous à déjà fait payer, et ce qu'on veut nous faire payer encore.

§. III.

Du montant des sommes demandées pour l'acquittement des dépenses de l'occupa- tion de 1815.

Il ne s'agit plus seulement de 4, de 6, et de 9 millions; c'est 12 millions qu'il faut au conseil municipal pour s'acquitter envers ses prêteurs et munitionnaires de 1815; et, contre l'ordre de toutes les comptabilités, il faut commencer par payer le résultat supposé des comptes à fournir; on procédera ensuite à la vérification de ces comptes.

« EN ATTENDANT, (porte le placard du 24 décem-
» bre 1816), la nomination par le Roi de la COM-
» MISSION QUI DOIT ÊTRE CHARGÉE des opérations re-
» latives à la LIQUIDATION DES DETTES DE LA VILLE.

En ATTENDANT qu'on sache s'il est dû, les contraintes auront lieu, les garnisaires

occuperont les domiciles, les saisies arrê-
teront le payement des loyers , les meubles
seront mis sur le carreau , et on usera
contre les imposés en retard, DE TOUS LES
MOYENS AUTORISÉS PAR LES LOIX POUR LE
RECOUVREMENT DES CONTRIBUTIONS ORDINAI-
RES. (Art. 3 du placard du 7 décembre 1816).

Voici, au surplus, le relevé des sommes
perçues ou à percevoir par l'administration
municipale, à cause des dépenses extraordinaires de l'année 1815; elles consistent :

1.º Dans le produit de la
première taxe établie le 17 juil-
let 1815 , montant à. . . . . . 1,020,000 f.

2.º Dans ce qui a été recou-
vré à compte du produit de la
taxe établie le 16 août 1815 ,
sur les loyers d'habitation,
environ. . . . . 900,000 f.

3.º Dans le produit de la
taxe qui a subsisté quelque
temps, à la charge des rentiers,
fonctionnaires et autres non
sujets à patentes. . . . . 55,000 f.

4.º Dans ce qui a été recou-
vré à valoir sur la quatrième
taxe établie le 4 septembre 1815,

1,975,000 f.

(34)

1,975,000 f.

D'autre part. . . . .
du doublement de l'impôt foncier et du droit de patente,
environ. . . . , ... 700,000 f.

5.° Dans la portion revenant
à la ville, sur la contribution
des communes rurales du département, dans les indemnités à la charge des trois faubourgs, et dans le prix de la
vente des objets mobiliers, le
tout évalué par le conseil municipal à. . . . . 800,000 f.

6.° Dans les prêts faits par
divers particuliers, montant,
déduction faite de leur contingent dans les taxes municipales,
à la somme de . . . . 625,000 f.

7.° Dans ce qui peut rester
à recouvrer sur les trois taxes
ci-devant énoncées, votées par
le conseil municipal, les 17 juillet, 16 août et 4 septembre 1815,
et qu'on estime devoir s'élever
à environ . . . . 1,200,000 f.

―――――――

Ensemble. . . . . . 5,300,000 f.

Ci-contre, ... 5,3oo,ooo f.

Si l'on ajoute à cette somme de 5,3oo,ooo, celle de 2,568,ooo composée savoir :

1.º de 1,o68,ooo, pour le dégrèvement que la ville de Lyon avait obtenu du gouvernement en 1814 ;

2.º de 1,5oo,ooo, montant du nouveau dégrèvement qu'on assura lui avoir été accordé en 1816.

2,568,ooo f.

On trouve un total de. . . . 7,868,ooo f.

Et c'est en augmentation de cette somme de 7 millions 868 mille francs que sont établies les nouvelles taxes énoncées dans les PLACARDS du 14 décembre 1816,

Savoir :

1.º Celle de 12 centimes par franc payables pendant 6 années, par les propriétaires d'immeubles sur le foncier en principal et les 5 centimes de non-valeur, dont le produit serait d'environ 13o,ooo fr. par année, et pour 6 années de (environ) 8oo,ooo francs, ci.   8oo,ooo f.

2.º Celle de 12 centimes par franc, payable aussi, pendant

8,668,ooo f.

D'autre part. . . . . . . · 8,668,000 f.

6 ans, par les locataires, en prenant pour base le revenu net porté à la matrice du rôle des contributions, revenu qui s'élève à 4,450,000, dont les 12 centimes par franc donneraient pour chaque année , 534 mille francs, et pour les 6 années. . . . . 3,204,000 f.

Ainsi la totalité des sommes exigées pour faire face aux dépenses de 1815, serait de. . . . 11,872,000f.

Ce ne serait pas notre faute si cet apperçu général n'était pas parfaitement exact, puisque nous avons été obligés d'en deviner une partie et de procéder, comme en algèbre, du connu à l'inconnu, mais peu importe à l'application des principes que nous invoquons, que ce soit 12 millions, ou seulement 8 ou 9 millions, ou toute autre somme qu'on exige de nous, on ne peut toujours nous la demander que sous la garantie des formes légales ; et , à cet égard, nous n'avons rien de mieux à faire que de répéter ici ce qui a été dit à la chambre des pairs, par **M.** le Comte de Lally-Tolendal , dans le développement de sa proposition snr la responsabilité minis-

térielle, responsabilité qui embrasse, apparemment , aussi celle des administrateurs
d'un rang inférieur :

« La fortune publique, la perception , le manie-
» ment et l'emploi des deniers publics, est mise au
» premier rang des objets qui sont pour ainsi dire ,
» à la charge de la responsabilité ministérielle?
» parce qu'elle est l'intérêt, le besoin, l'affaire de
» tous les momens , de toutes les existences de
» TOUS LES ADMINISTRATEURS comme de TOUS LES AD-
» MINISTRÉS . . . .

. . . .

» Combien de millions d'hommes vivent et meu-
» rent , sans songer seulement à concevoir la crainte
» et sans que personne songe à concevoir l'idée d'un
» attentat contre LEUR LIBERTÉ et leur SURETÉ PERSON-
» NELLE! Mais dans ces millions d'individus, pas
» un seul ne sera soustrait à une CONTRIBUTION DI-
» RECTE OU INDIRECTE, dès qu'il aura de quoi en
» payer une. L'impôt atteint le DENIER DE LA VEUVE
» comme il puise dans le TRÉSOR DU MILLIONNAIRE.

» En matière de finance, RESPONSABILITÉ et COMP-
» TABILITÉ sont inséparables. Un système nouveau
» s'est élevé depuis quelque temps, absolument con-
» traire à cette proposition. . . . .

. . . .

» Mais nier qu'il soit deux époques positives où
» un compte franc et ouvert, doit s'établir entre les
» REPRÉSENTANS DE LA PROPRIÉTÉ et les administra-
» teurs des finances, mais refuser à ceux qui AC-
» CORDENT L'IMPÔT le double droit, d'abord d'en
» EXAMINER LA NÉCESSITÉ , et ensuite d'en VÉRIFIER

» L'EMPLOI; mais affranchir ceux qui le DEMANDENT
» ET L'OBTIENNENT de la double obligation d'annoncer
» d'abord A QUOI ILS L'EMPLOIENT, et de prouver
» ensuite à QUOI ILS L'ONT EMPLOYÉ, ce serait livrer
» les propriétés et les libertés nationales à tous les
» dangers de l'arbitraire, ce serait exposer la can-
» deur du prince à toutes les surprises; ce seroit,
» pour employer l'expression la plus mesurée, se
» méprendre gravement sur la dignité, sur la ma-
» jesté royale : elle repousserait un hommage qu'on
» ferait consister dans la faculté de pouvoir abuser
» de la libéralité publique : elle ne veut pas d'une
» doctrine qui entraînerait le triple danger de livrer
« la propriété nationale, de détruire la responsabi-
» lité ministérielle, et par conséquent, de porter
» atteinte à l'inviolabilité royale ; car comme nous
» l'avons dit au commencement, ces deux principes
» se tiennent, ils sont indivisibles. (1). »

§. I V.

*Des moyens de libération à adopter pour
les dettes contractées par la ville de
Lyon, à cause de l'occupation militaire
de 1815.*

Nous prendrons encore en cela, pour
modèle, le gouvernement de l'état dont
chaque administration municipale n'est, à

---

(1) Proposition faite à la chambre des pairs, le 10 décembre 1816., sur la responsabilité ministérielle.

proprement parler, qu'une fraction soumise
aux mêmes lois et aux mêmes maximes
d'économie politique· et financière que l'ad·
ministration générale du royaume elle-même.

Une grande occupation militaire et des
charges énormes nées de l'état de guerre
embarrassent aussi les financesduRoyaume;
il en est résulté un accroissement considérable dans la dette arriérée et dans la dépense courante ; et les impôts, portés à
l'extrême, ne sauraient y suffire. Hé bien!
on ne demande aux contribuables que ce
qu'ils peuvent payer; le crédit de l'état
supplée à l'insuffisance des impôts; et des
inscriptions au grand livre de la dette
publique comblent le 'déficit et complet-
tent la libération. Qu'on essaye de subs-
tituer à ce procédé raisonnable et salutaire,
un doublement de contributions, par exemple : les imposés succomberont sous le poids;
et leur ruine amènera, avec la banque-
route universelle, la dissolution de tous
les services nécessaires à l'existence du corps
politique.

Dans un temps où les emprunts passaient
pour des fléaux en finance, parce qu'on
négligeait de leur opposer le contre-poids
des amortissemens, ils ont pourtant encore
rendu d'éminens services ; et, sans chercher

des exemples ailleurs que dans notre sein ,
on se souvient que la ville de Lyon, successivement appelée à pourvoir, dans des
circonstances extraordinaires, soit à ses pro-
pres besoins, soit aux besoins de l'état,
avait porté l'usage de son crédit jusqu'à
la somme de QUARANTE MILLIONS DE FRANCS;
c'était là le montant de sa dette en 1789;
ses revenus patrimoniaux, à cette époque,
n'excédaient guère ceux qu'elle possède aujourd'hui; le dernier bail de ses octrois,
passé en 1785, l'avait été au prix de deux
millions 500 mille francs ; et les intérêts
seuls qu'elle avait à payer chaque année,
montaient à près de 2 millions. Cependant
le commerce était florissant, les propriétés
en pleine valeur, les locations recherchées
à haut prix. Mais si quelque mauvais génie
eût alors conçu le projet et fait la proposition de liquider , en tout ou en partie,
la dette municipale par une ou plusieurs
taxes sur les immeubles et sur les valeurs
locatives et commerciales , et que le gouvernement , sourd à la clameur publique,
eût en effet ordonné l'extinction de la dette
par un impôt insolite et immodéré, à l'instant même, la valeur des propriétés eut
fléchi de moitié , une partie des locations
eut été vacante, et la population se ré-
fugiant hors des murs et dans des lieux

francs, la ville aurait perdu, chaque année,
par la diminution seule du produit de ses
octrois, une somme supérieure au montant
des intérêts dont on aurait cru la soulager.

Les mêmes présages, les mêmes conséquences s'attachent malheureusement à l'éta-
blissement des taxes dont nous sommes
aujourd'hui menacés; et comme d'autres
malheurs ont précédé cette nouvelle cala-
mité et concourront encore avec elle, il
faut s'attendre que les émigrations et les
privations forcées diminuant chaque jour
davantage la consommation générale, elles
tariront la source du principal revenu de
la ville et lui enlèveront annuellement plus
qu'elle ne recevra par les taxes municipales.
Que deviendra alors le sort des créanciers
qu'on voudrait rembourser avec le produit
de ces taxes? on voit bien, en faisant aujourd'hui le compte, que ces taxes doivent
rendre chaque année, une somme d'environ
640 mille francs; mais, à part les non-va-
leurs, inévitables dans ce produit supposé,
il est évident que les dépenses ordinaires
et indispensables ne diminuant pas comme
les recettes, la force des choses détournera
l'emploi des deniers du nouvel impôt vers
les besoins les plus urgens; ces besoins ne
seront pas même satisfaits, et un autre

arriéré se formera dont , apparemment,
on n'espère pas pouvoir demander encore
le payement aux propriétaires, aux locataires et aux habitans sujets à patente.

Ces réflexions amènent naturellement la
proposition qui nous reste à faire , comme
conclusions de ce mémoire, pour l'acquittement des dettes contractées en 1815.

Nous adoptons provisoirement, sauf vérification légale, l'évaluation à la somme
de 12 millions, de la totalité des dépenses
extraordinaires qu'il s'agit d'acquitter ; et
pour balancer cette somme de 12 millions,
nous appercevons trois natures de ressources.

En premier lieu celle des dégrèvemens
et des indemnités dont nous avons déjà
parlé, et qui montent :

D'une part à.. 2,568,000 f. ⎱
D'autre part..   800,000 f. ⎰ 3,368,000 f.

En second lieu, les taxes établies par le
Conseil municipal les 17 juillet et 4 août 1815;

Savoir ,

1.º Celle des 2/3
du foncier et des
patentes de 1815.   1,020,000 f.

____

                4,388,000 f.

Report . . . 4,388,000 f.

2.º Celle sur les loyers, en l'étendant et la perfectionnant, comme nous l'avons dit, de manière qu'elle frappe sur tous les loyers, sans exception et au marc le franc, en prenant pour base, le revenu foncier porté à la matrice du rôle des impositions, et en tenant compte aux locataires de ce qui a déjà été perçu, même en restituant le TROP PAYÉ ; cette taxe de 60 cent. sur un revenu de 4,450,000 fr. produirait 2,670,000, et à cause des dégrèvemens, seulement . . . . 2,400,000 f.

6,788,000 f.

Report. . . . . 6,788,000 fr.

La différence de cette somme à celle de 12 millions, serait de. . . . . 5,212,000 f.

Somme égale . . . 12,000,000 f.

Mais il est à observer que sur cette somme de 5 millions 212,000 fr. la ville aurait encore à faire compte ;

1.º de la somme de 55,000 f. qu'elle a reçue à compte de la taxe momentanément établie sur les rentiers et les fonctionnaires non-sujets à patente. . . . . . .   55,000 f.

2.º De celle de 700 mille f., ou environ, qu'elle a reçue de partie des contribuables sujets à la 4.º taxe établie le 4 septembre 1815, sur les propriétaires et les patentés. .   700,000 f.

3.º de la somme de 625,000 f., ou environ, qu'elle a reçue de divers prêteurs . . . . .   625,000 f.

       1,380,000 f.

ci-contre . . . . 1,380,000 f.

En sorte que le reste de la dette applicable aux marchands et fournisseurs, ne subsisterait que pour. . . . . 3,832,000 f. et serait probablement, dans sa liquidation, susceptible de réductions importantes.

En troisième lieu ; pour le remboursement de ce résidu de 3,832,000 fr., et de la somme de 1,380,000 fr. avancée, comme il vient d'être dit, soit par les payemens faits à compte des deux taxes supprimées, soit par des prêts particuliers, la ville pourrait être autorisée à délivrer, jusqu'à concurrence de la somme de 5 millions de francs, des reconnaissances productibles d'intérêts sur le pied de 5 pour cent l'an, remboursables par le moyen d'un fond d'amortissement de la somme de 300 mille francs par année qui entrerait dans la dépense de son budjet.

Nous ne doutons pas, au reste, que par le résultat de la vérification du compte des dépenses de l'année 1815, le crédit de cinq millions dont nous venons de supposer la nécessité, ne soit en effet beaucoup moindre ; et cette raison nous rend bien plus pénible encore l'ignorance où nous sommes de l'état de la comptabilité municipale, puisque cette ignorance nous force de mettre tout au pis , et d'exagérer, par prudence , le tableau de nos malheurs.

Et qu'on ne nous accuse pas d'avoir ici substitué , à la vérité des faits , d'infidelles images et de trompeuses hyperboles ! Nous voudrions, au contraire , pouvoir rassembler autour de nous , sur les lieux même , tous ceux dont nous invoquons l'assistance et l'autorité , pour leur montrer , tels qu'ils sont, les dommages que nous avons soufferts , et les dangers que nous cherchons à prévenir. Dans les premiers mois de 1816, la ville de Lyon, respirant à peine, à la suite de deux invasions qui semblaient avoir détruit ou dispersé les élémens de sa prospérité , renaissait pourtant à l'espérance : ceux de ses habitans qu'avaient éloignés de son sein le manque de travail, la prudence ou la crainte, rentraient peu-à-peu dans leurs foyers , et rejoignaient ainsi le siége de leur industrie , et la résidence de leurs familles et de leurs amis ; les ateliers étaient moins déserts , les logemens moins délaissés , toutes les professions plus actives, toutes les classes de la société plus animées , la ville, en un mot , se recomposait. Mais bientôt, aux ravages de la guerre et des occupations militaires , a succédé le désordre des saisons ; les présens de la nature

nous ont manqué, comme ceux du commerce, et la cherté des subsistances a, de
nouveau, repoussé hors de nos murs, et les
habitans laborieux qu'un travail ingrat ne
pouvait plus faire vivre, et les habitans for-
tunés à qui leur indépendance permettait de
choisir le lieu de leur demeure, et de la fixer
loin du spectacle de la misère publique. Le
mal cependant n'était pas à son comble,
parce que les fléaux du ciel, moins redouta-
bles que les fureurs humaines, laissent toujours l'espoir du retour de sa clémence et de
ses bénédictions. Soudain, est survenue l'annonce de nouvelles taxes, et, à l'instant,
les préparatifs de retraite et d'évacuation se
sont multipliés dans tous les quartiers de la
ville ; des circulaires envoyées dans chaque
maison, pour y donner avis d'un mode inu-
sité de répartition d'impôt entre les propriétaires et les locataires, entre les locataires
généraux et les locataires particuliers, les
ont mis tous en état d'hostilité permanente
les uns contre les autres ; et ainsi se rompent,
chaque jour, les transactions prêtes à se conclure pour le renouvellement des baux. Les
faubourgs et les campagnes recueillent, il
est vrai, ceux de nos artisans qui peuvent y
transporter leurs métiers et leurs familles ;
mais que sont, à côté de nos manufactures

réunies sous la surveillance des chefs et patrons de la fabrique et du commerce, et sous la protection de la richesse, quelques établissemens épars, isolés et dépourvus tout à-la-fois et des capitaux qui leur donneraient la vie, et des moyens de correspondance qui assureraient leurs debouchés, et enfin de l'émulation qui, dans tous les arts, garantit la perfection des procédés, et qui jamais ne prend naissance dans la solitude et le malheur ?

On ne prétendra pas sans doute qu'il importe peu que la population de Lyon soit réunie dans une même enceinte, pourvu que ses habitans, quoique fixés ailleurs, ne cessent pas d'être sujets de l'État : ce n'est pas ainsi qu'on peut envisager l'existence d'une grande ville de manufactures et de commerce. Il en est des créations de l'ordre social comme de celles de la nature ; leur décomposition est toujours le signal du néant ; et si, par l'effet d'un bouleversement qui n'est pas à craindre, mais dont les conséquences seraient inévitables, à cet heureux assemblage de familles assorties par leurs mœurs et leurs usages, et de citoyens dont les uns par leur travail, les autres par leurs lumières, ceux-ci par leur opulence, ceux-là par leurs relations, et tous par un même amour du bien commun, concourent à faire fleurir parmi

nous le commerce et les arts, imposent jour-
nellement de nouveaux tributs aux besoins
comme au luxe de la France et de l'étranger,
répandent au loin l'abondance dans les campagnes appelées à pourvoir à leur consommation, et procurent enfin au trésor de
l'État, en impôts directs ou indirects, une
somme dix fois plus forte que le contingent
proportionnel de la population de la ville
comparée à celle de la France entière ; si,
disons-nous, à cette merveilleuse et féconde
organisation, venait à succéder, par impossible, la dissémination au dehors, et sur
d'autres points de la France, des cent mille
individus qui composent notre cité, quelle
image présenteraient alors et la ville aban-
donnée, et les campagnes environnantes,
et la population qui les animait ? La servi-
tude, le vagabondage, ou la mendicité seraient le lot du plus grand nombre des habitans ainsi dispersés ; les autres iraient, dans
le désœuvrement, partager le pain du labou-
reur, et, devenus forcément avares, ils
thésauriseraient et raviraient au commerce
et à l'impôt les capitaux dont auparavant
ils aidaient l'un et l'autre ; les champs voi-
sins, au lieu de cette suite de jardins dont
nos côteaux sont embellis et des récoltes
variées et sans cesse renaissantes dont en

toute saison se couvrent nos plaines, n'of-
friraient plus aux regards affligés qu'une
terre désolée, méconnaissable et sans cul-
ture; enfin, le voyageur qui chercherait
encore la grande ville présente à son sou-
venir, ne trouverait, en rentrant dans son
enceinte, que des ruines, des tombeaux et
quelques monumens livrés à l'injure des
tems, parsemés çà et là, sur un sol encombré
et rebelle à la main des hommes. Et c'est
bien alors qu'on pourrait redire ce qui a été
réellement prononcé aux jours NEFASTES où
des décrets impies vouaient à la destruction
les villes et les royaumes : LYON N'EST PLUS!

Lyon, le 15 janvier 1817.

LES PROPRIÉTAIRES , LOCATAIRES ET HA-
BITANS SUJETS A PATENTES , DE LA VILLE DE
LYON.

P. S. *Quelques personnes assurent, mais sans en donner la preuve, et nous ne pouvons le croire, que l'ordonnance du 20 novembre dernier, dont deux articles seulement nous sont notifiés, a été rendue dans la supposition du vœu exprimé par la grande majorité des habitans de Lyon, propriétaires et patentés, de s'imposer volontairement entr'eux sous le bon plaisir du Roi, pour l'acquittement des dettes municipales. Si tel était réellement le motif de l'ordonnance du 20 novembre, il serait suffisamment écarté par le présent Mémoire, et nous rentrerions immédiatement sous l'empire de la loi commune.*

* 9 7 8 2 3 2 9 6 7 3 4 7 9 *